EXPOSITION

ARCHÉOLOGIQUE ET ARTISTIQUE

DE LA VILLE DE MOULINS

EN MDCCCLXII.

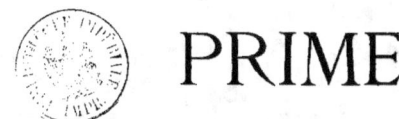

PRIME

OFFERTE AUX SOUSCRIPTEURS.

MOULINS,

IMPRIMERIE ET LITHOGRAPHIE DE C. DESROSIERS.

MDCCCLXII.

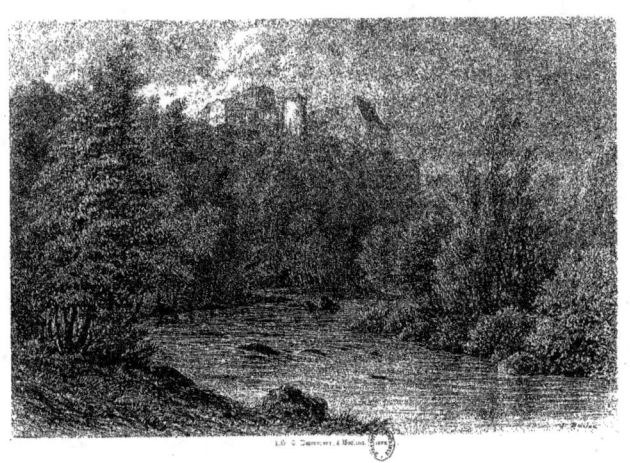

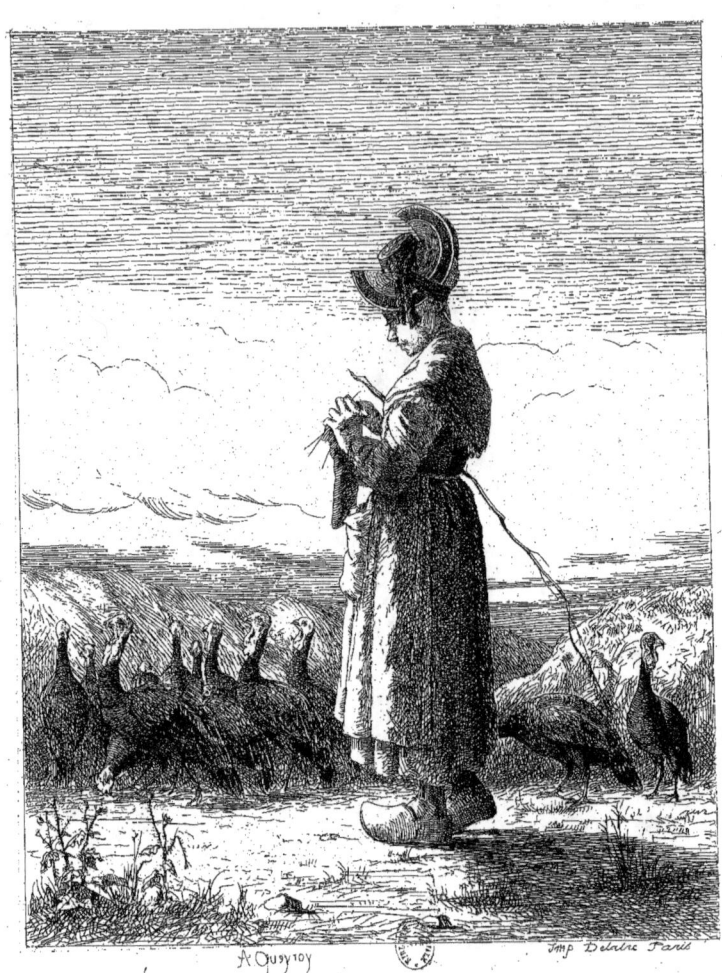

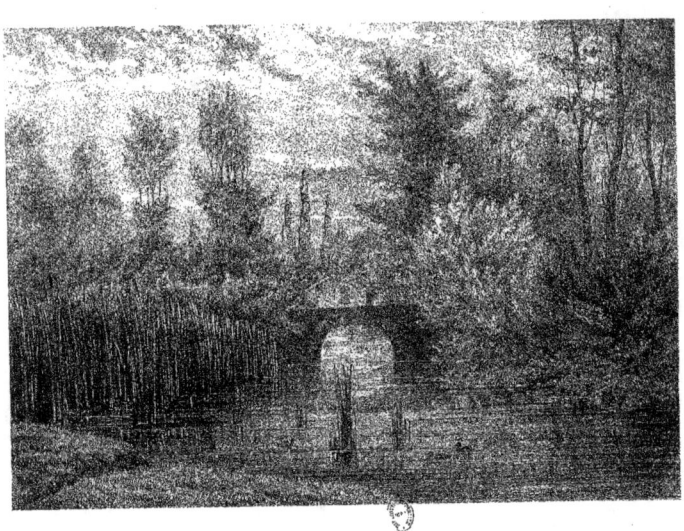

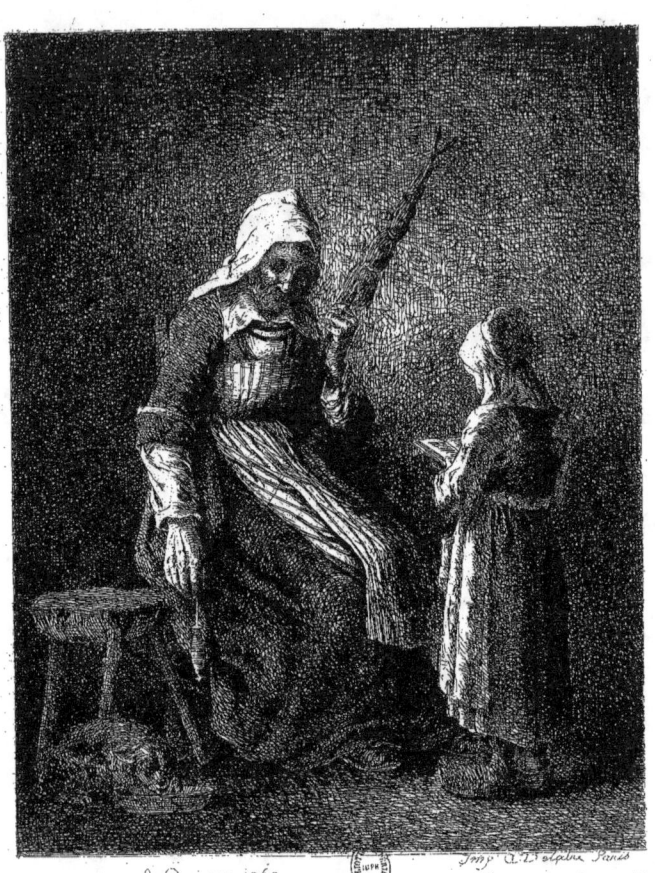

A. Queyroy 1862

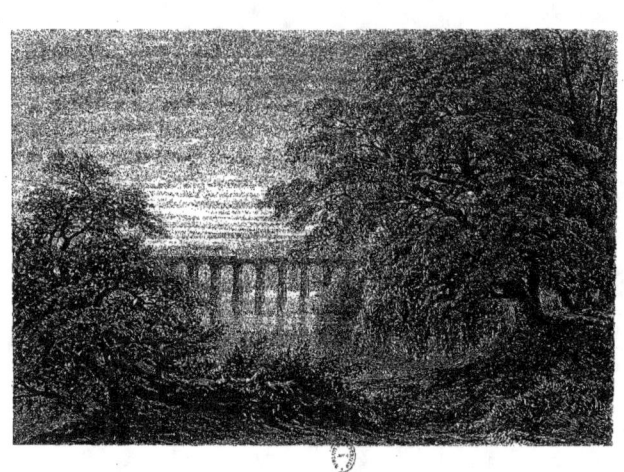

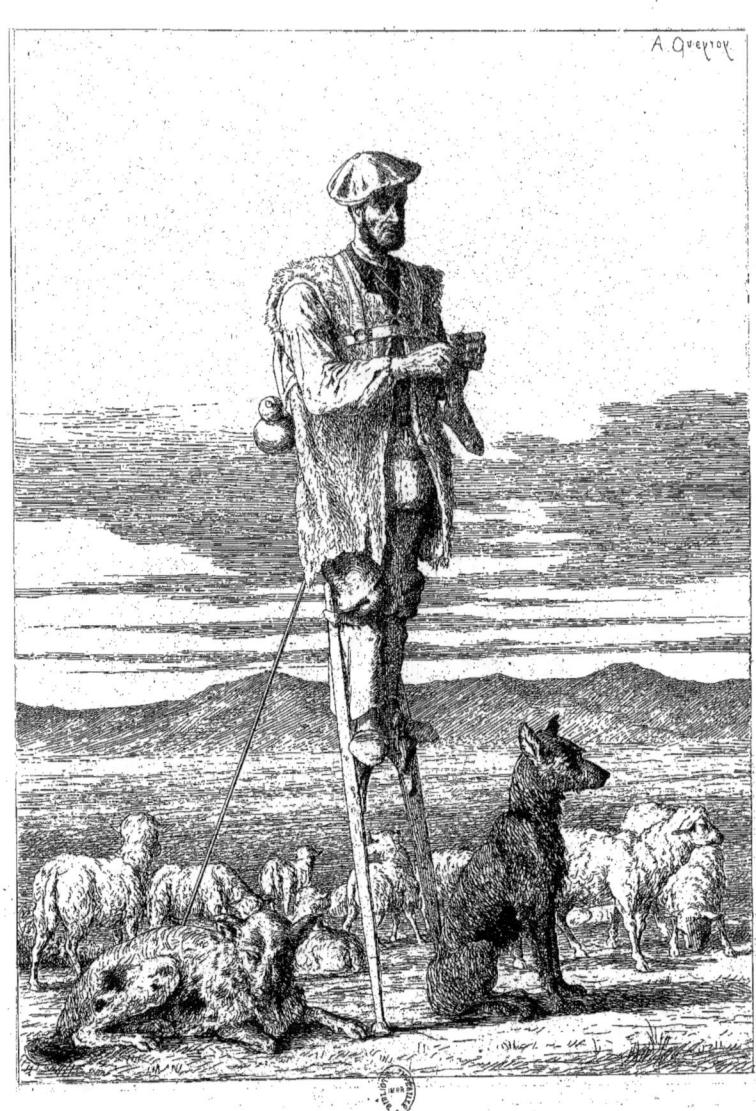

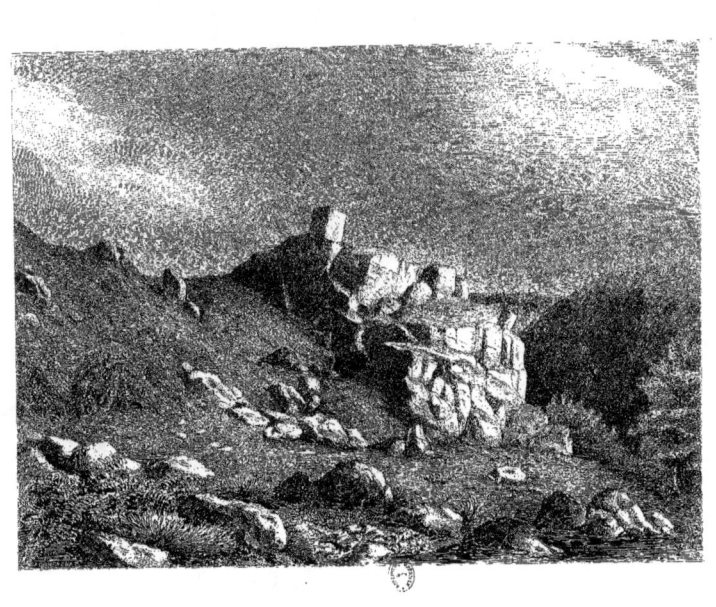

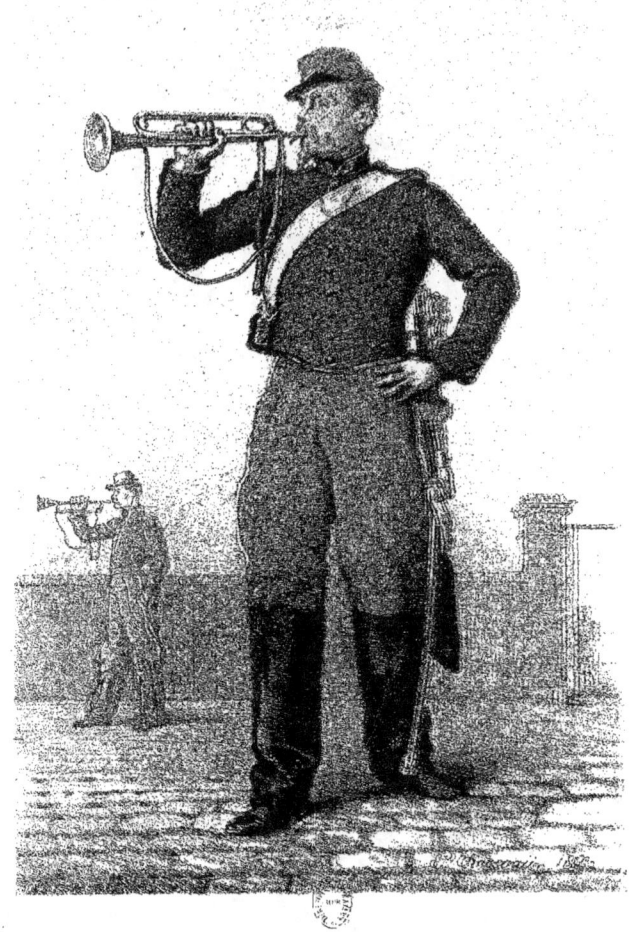

LISTE

DES SOUSCRIPTEURS.

	NOMBRE D'ACTIONS.
M. Genteur, préfet de l'Allier.	2
Mgr. de Dreux-Brézé, évêque de Moulins.	2
M. Jourdier, maire de Moulins.	2
MM.	
Agoult (vicomte Raimond d'), chef d'escadron au 1er chasseurs	1
Aladane Ferdinand, à Marigny	1
Allard Eugène, banquier à Moulins.	1
Amelot Roger, à Verneuil.	1
Arbault Ludovic, à Moulins.	1
Arbelat, ancien notaire à Cusset	1
Arcy (comte d'), receveur général à Moulins	2
Arfeuilles (comte d'), à Moulins.	1
Arnauld, directeur des contibutions directes à Moulins.	1
Arpacaus, pâtissier à Moulins.	1
Aubigny (baron Arthur d'), à St-Léopardin	2
Audiffred, dir. du *Moniteur des Arts*, à Paris.	1
Aufrère de la Prugne, maire à Nassigny.	1
Aupetit Durand, avocat à Montluçon.	1
Aymard, avoué à Moulins.	1
Bailleau, médecin à Pierrefitte	1
A reporter	24

	NOMBRE D'ACTIONS.
Report.	24
Balorre (comte de), à Contigny.	1
Balorre (baron de).	1
Barat, professeur au lycée, à Moulins.	1
Barbier, ancien négociant id.	1
Bardet, pharmacien id.	1
Bardonnaut, insp. des télégr. à Moulins.	1
Bardoux, vice-prés. du tribunal, à Moulins.	1
Bariau, professeur de dessin, id.	1
Bartesago, opticien, à Moulins	1
Beaumont (de), maire à Tronget.	1
Bellenaves (marquis de), à Bellenaves.	1
Bergeon, médecin à Moulins.	1
Bergeon, avoué id.	1
Bertrand, membre de la Société d'Emulation, à Moulins.	1
Bideau, propriétaire à Moulins.	1
Bignon (Louis), cultivateur à Theneuille.	4
Biré (de) chef d'escadron au 6e hussards.	1
Bisseret (comte de), près Montluçon.	1
Blanchard François, à St-Gerand-le-Puy.	1
Blanchard-Saint-Aubin, sellier à Moulins.	1
A reporter.	47

	NOMBRE D'ACTIONS.
Report.	47
Boiron, horloger à Moulins.	1
Boismorel (Ozenne de), conseiller de Préfecture à Moulins.	1
Bonabeau, avoué id.	1
Bonand (Gabriel de), à Vallières.	1
Bonand (Henri de), id.	1
Bonand (Adolphe de), id.	1
Bonnay (marquis de), à Moulins.	1
Bonnay (comte de), id.	2
Bonnejournée, pharmacien à Moulins.	1
B.... l'abbé, id.	1
Bonnichon, propriétaire id.	1
Boucaumont, ingénieur en chef à Nevers.	4
Bouchard, avocat à Moulins.	1
Bouchardon, ancien pharmacien à Moulins	1
Bouchardon, négociant, à Moulins.	1
Bougarel, ancien notaire id.	1
Bourdelier, notaire id.	1
Bourgeois (Emile), peintre id.	1
Bousingen (général baron de)	1
Boussac, orfèvre à Moulins.	1
Boyron (Albert), id.	1
Brossard, négociant id.	1
Bruel aîné, quincaillier à Moulins.	1
Bruel (Charles), marchand de fers	1
Brunel aîné, chef de division à la Préfecture, à Moulins.	1
Brunel, peintre à Moulins.	1
Brunet, négociant id.	1
Bucheron, quincaillier id.	1
Bulliot, président de la Société Eduenne à Autun.	1
Bure (Albert de), adjoint, à Moulins.	1
Callou-Vallée et Cie, concessionnaires des thermes de Vichy.	4
Castel, pâtissier à Moulins.	1
Cavy, tapissier id.	1
Chabannes la Palice (M¹ˢ de), à Lapalisse.	1
Chabot (Victor), à Moulins.	1
Chambon (Octavien du), à Moulins.	1
Champfeu (comte Pierre de), à Moulins.	1
A reporter.	91

	NOMBRE D'ACTIONS.
Report.	91
Chanoinesses de St-Augustin (dames).	1
Chantemerle (de), juge de paix de Saligny.	1
Charlent, propriétaire à Château-Chinon.	1
Charnisay (baron de).	1
Charvet, inspecteur des postes, à Moulins.	1
Charvot, médecin id.	1
Chateauneuf (comte de) Tournel de Randon de Joyeuse, à Moulins.	1
Chateauneuf (vicomte de)	1
Chaumy, hôtel d'Allier, à Moulins.	1
Chavagnac (marquis Ladislas de) à Moulins.	1
Chavagnac (comte Calixte de) id.	3
Chavigny (Frédéric de) id.	1
Chevalier (Théodore), chef d'institution à Moulins.	1
Chiseuil (François de), membre du Conseil municipal, à Moulins.	1
Choussy, médecin à Moulins.	1
Clairefond (Marius), négociant à Moulins.	1
Clayeux (Edmond), maire à Thionne.	1
Clayeux (Théophile), à Moulins.	1
Clémaron, propriétaire id.	1
Cogordan, négociant id.	1
Collas de Chatelperron.	1
Collas (Eugène), à Moulins.	2
Collas (Louis), Conseiller de préfecture à Clermont.	1
Collas Léon, à Saint-Gerand-de-Vaux	1
Collas (Jules), propriétaire à Besson.	1
Comeau (de), à Iseure.	1
Conny (vicomte de), à Moulins.	1
Conny (Mgr Adrien de), chanoine.	1
Conny (J.-B.), bibliothécaire archiviste.	1
Corne, propriétaire à Moulins.	1
Cortet, notaire id.	1
Courtot, notaire id.	1
Cousin, lieutenant-colonel au 6ᵉ hussards.	1
Croizier (Henri), notaire à Moulins.	1
Dadole, architecte id.	1
Decitre, directeur des mines, à St-Hilaire.	1
Defaye, notaire à Dompierre.	1
A reporter.	131

	NOMBRE D'ACTIONS.		NOMBRE D'ACTIONS.
Report.	131	*Report.*	169
DELAGENESTE (Claude), à Bresnay.	1	FAURE, adjoint, à Moulins	1
DELAGENESTE (Hipp.), banquier à Moulins.	1	FERRAND DE FONTORTE, près Riom.	1
DÉMERCIÈRE, ancien conservateur des forêts, à Moulins.	1	FERRAND DE FONTORTE (Charles). id.	1
DEMOURGUE, sculpteur à Moulins.	1	FINANCE (Francisque de), maire à Trezelles.	1
DESBOUDARDS, juge de paix d'Ebreuil.	1	FOUDRAS (marquis de), à Moulins.	2
DESCHAMPS DE VERNEIX, à Hérisson.	1	FOULD (Edouard), maire à Lurcy-Lévy.	8
DES CHAUX (Edouard).	7	FOULHOUX, procureur impérial à Moulins.	1
DESFERNEAUX, juge de paix à Moulins.	1	FOULLUT, secrétaire en chef de la Mairie.	1
DESHALINS, banquier à Cusset.	1	FOURNET, coiffeur à Moulins.	1
DESHOMMES, avocat à Moulins.	1	FOURNIER (Achille), président du tribunal, à Montluçon.	1
DESMAROUX DE GAULMYN, député.	1	FOURNIER (Eugène).	1
DES MERCIÈRES, ancien chef de bataillon.	1	FRÉTAT (baron de), près Riom.	1
DESROSIERS, propriétaire à Paris.	1	GAILLARD-JAMIN, négociant à Moulins.	1
DESROSIERS, curé à Bourbon-l'Archambault.	1	GALIEN, avocat à Cusset.	1
DESROSIERS (Auguste), avocat à Moulins.	2	GARDIEN (Emmanuel), à Ygrande.	1
DESROSIERS (P.-A.), ancien imprimeur.	1	GAVELLE, contrôleur principal en retraite à Moulins.	1
DESROSIERS (Charles), imprimeur à Moulins.	1	GAVELLE, avoué à Moulins.	1
DES ROYS (comte), à Avrilly.	1	GAYON, négociant id.	1
DESVERNOYS, médecin à Diou.	1	GERVOY, ingénieur des mines, à Paris.	1
DEVAULX DE CHAMBORD (Nicolas), à Moulins.	1	GIAT LA GARENNE, propriétaire à Moulins.	1
DEVAUX (Henri), à St-Gerand-le-Puy.	1	GIBERT (l'abbé), vicaire-général id.	1
DONJAN (André), à Moulins.	1	GILLOT (François), directeur de l'Enregistrement, à Moulins.	1
DONJAN-BERNACHEZ, membre du Conseil général, à Moulins.	1	GILLOT (Paul), premier commis de l'enregistrement, à Moulins.	1
DOUMET (Anacharsis), à Baleine.	1	GIRARD, ancien notaire.	1
DUBOSC DE CUSSY, à Moulins.	1	GIRAUDET DE BOUDEMANGE (Mlle Palmyre), à Moulins.	1
DUMAYET, confiseur id.	1	GIVRY (Hugon de), à Moulins.	1
DUPIEUX, tailleur id.	1	GODEFROY (Benoit), café de la Jeune France.	1
DUPOYET, avocat id.	1	GOLLIAUD (Mme veuve Fanny), à Moulins.	1
DURAT (vicomte de)	1	GOMOT (Joseph), curé, paroisse St-Pierre.	1
DUROCHER, notaire honoraire à Dompierre.	1	GOYARD, ancien notaire, à Moulins.	1
DUTREMBLAY, agent-voyer de canton.	1	GUESTON, préposé en chef de l'octroi.	1
ECLUSE (Alfred Roy de l'), à Neuilly-le-Réal.	1	GUEULETTE (l'abbé), curé de la Cathédrale.	1
ENTRAIGUES (d'), conservateur des forêts à Moulins.	1	GUILHOMET (Léonce).	2
ESMONNOT, architecte à Moulins.	1	GUILLAUME-GRANDPRÉ (Anatole) à Moulins.	1
ESTOILLE (comte Max de l'), président de la Société d'Emulation.	1	HAUTEROCHE (Boussard d'), conservateur des hypothèques, à Moulins.	1
FARJAS, maire à Saint-Pourçain.	1		
FAUDOAS (comte de), à Moulins.	1		
A reporter.	169	*A reporter*	213

	NOMBRE D'ACTIONS.
Report.	213
HAUTMESNIL (marquise d'), à Moulins.	1
HOGENDORPH (Cte d'), s.-préfet à Montluçon.	1
IDEVILLE (baron Lelorgne d'), au Donjon.	1
JALADON DE LA BARRE, avocat à Moulins.	1
JÉMOIS (Madame veuve) id.	1
JÉMOIS (Charles-Aimé), à Diou.	1
JÉMOIS (Ernest), à Moulins.	1
JOLIOT (Charles), négociant à Moulins.	1
JOLY, inspecteur des forêts id.	1
JONCHAY (Jules du), à Gannat.	1
JONCHAY (Charles du), id.	1
JOUANNET (Louis), négociant à St-Pourçain	1
JOURDIER (Emile), à Cronat.	1
JUTIER, juge à Moulins.	1
JUTIER (P.), ingénieur des mines, à Moulins.	1
KUENTZ, direct. de l'usine à gaz id.	1
LA BOUTRESSE (Emmanuel de), à Trezelle.	1
LA BROUSSE (baron de), à Moulins.	1
LA CHAISE (Paul de), id.	1
LACOUR (l'abbé), vic. à St-Pierre à Moulins.	1
LACROIX (Christophe-Charreton) à Grenoble	1
LAFAULOTTE (Ernest de), à Paris.	1
LAGUÉRENNE, conservateur de la bibliothèque à Moulins.	1
LAGUÉRENNE (Edouard de), à Montluçon.	1
LA JOLIVETTE (de), propriétaire à Moulins.	1
LARMINAT (Madame de) id.	1
LA ROMAGÈRE (Cte Hélion de), à Montluçon.	1
LASTEYRAS, percepteur à Gannat.	1
LAURÈS (Charles de) médecin inspecteur des eaux de Néris.	1
LAVERGNE, inspecteur des établissements de bienfaisance.	1
LE FAURE, architecte à Moulins.	1
LEFORT, négociant id.	1
LEJEUNE, (l'abbé) vicaire-général à Moulins.	1
LEJEUNE, médecin id.	1
LÉTELON, limonadier id.	1
LIGONDÈS (vicomtesse du) id.	1
LOUVENCOURT (comte Arthur de) id.	1
MANTIN, tailleur id.	1
A reporter.	251

	NOMBRE D'ACTIONS.
Report.	251
MARANS DE CHABROL (Madame des), à Moulins	1
MARANS (Léonce des) id.	1
MARESCHAL (Léon de) id.	1
MARQUET, huissier id.	1
MARTIN, juge id.	1
MARTIN (Mlle Alexandrine) id.	1
MARTIN, confiseur id.	1
MARTINET (l'abbé), curé de St-Nicolas id.	1
MATHÉRON, greffier du tribunal id.	1
MAYER, sculpteur id.	1
MAZON, commandant en retraite id.	1
MEILHEURAT, ancien député.	1
MEILHEURAT (Auguste), à Diou.	1
MEILHEURAT, des Prureaux.	1
MEILHEURAT (Victor), à Montcombroux.	1
MÉPLAIN, juge à Moulins	1
MÉPLAIN, avocat id.	1
MÉRIÉ (Félix) fils, pharmacien à Moulins.	1
MEUNIER (Madame Edouard). id.	1
MEUNIER fils id.	1
MICAUD, commissaire-priseur id.	1
MICHEL (Armand) id.	1
MICHEL (François), banquier id.	1
MICHEL Pierre, ancien maire. id.	1
MICHEL Henri id.	1
MICHELON, à Montaigut-le-Blin.	1
MOÏSE (Léon), négociant à Moulins.	1
MOLLET-LIÉNARD, négociant id.	1
MONICAT, ancien principal id.	1
MONTILLET, chef de bureau à la Mairie	1
MONTLAUR (marquis de), à Cognat Lyonne.	1
MONTVOISIN, notaire à Cusset.	1
MORA (madame veuve de), à Moulins.	1
MORA (Pascal de) id.	10
MORNY (comte de), président du Corps Législatif.	4
MOURLON, chanoine, à Moulins.	1
MOUSSY-ARMET, banquier à Montluçon.	1
NOBLET-D'ANGLARE (Cte et C^{sse}), à Moulins.	2
OLIVIER (Adolphe), propriétaire à Moulins.	1
ORGÈRES (vicomte Mangot d'), à Moulins.	1
A reporter.	304

	NOMBRE D'ACTIONS.		NOMBRE D'ACTIONS.
Report.	304	*Report.*	344
PACAUD, bijoutier à Moulins.	1	ROCHE, conducteur des ponts et chaussées, à Moulins.	1
PALLARD aîné, négociant à Moulins.	2	RONDEAU, avoué à Moulins.	1
PARIZE (Louis), propriétaire.	1	ROSSIGNOL, boulanger à Moulins.	1
PARSEVAL (de), payeur du département,	1	ROUSSEL, hôtel de Paris id.	1
PATISSIER, avocat à Moulins.	1	ROUZIER fils, négociant id.	1
PÉRONNET LA ROMAGÈRE, membre du Conseil Général.	1	SABLIERE, directeur des contributions indirectes, à Moulins.	1
PÉROT (Francis), ébéniste à Moulins.	1	SAINT-GEORGE (comte de).	1
PERRET, arquebusier id.	1	SAINT-GERAN (Charles de Vacher de), à Saint-Gerand de Vaux.	1
PERROT, directeur de l'assurance mutuelle à Moulins.	1	SAINT-LÉGER (Mme veuve de), à Moulins.	1
PETIT, médecin à Moulins.	1	SAINT-MARTIN (Frappier de), président du tribunal civil de Moulins.	1
PÉTURET-VILLARD, papetier à Moulins.	1	SAMPAYO (de), capitaine commandant au 6e hussards, à Moulins.	1
PEUFEILHOUX (de) aîné, à Montluçon.	1		
PEUFEILHOUX (Joseph de), id.	1	SAULÉ (Léon), négociant à Moulins.	1
PIC (Sylvain), négociant à Moulins.	1	SAULNIER, notaire id.	1
PIERRE, négociant id.	1	SAULNIER, juge de paix id.	1
PLACE (Mlle Emilie) id.	1	SAULNIER, juge au tribunal id.	1
POIGNÉ, confiseur id.	1	SAULNIER Gilbert id.	1
POMMIER, banquier id.	1	SAYET, avoué id.	1
PRAINGY (Fernand de), à Agonges.	1	SCETI (Paul), négociant id.	1
PRAT (comtesse du), à Moulins.	3	SÉRÉVILLE (Philippe de) id.	1
PRAT, directeur de l'Ecole normale primaire à Moulins	1	SÉRÉVILLE (Mme veuve de) id.	1
PRAT-BANCAREL, conducteur des ponts-et-chaussées, à Moulins.	1	SERRE (Léopold), à Montluçon.	1
		SERRE (Léon) id.	1
PRELLE ET GALLO, plâtriers à Moulins.	1	SEULLIET, ancien notaire à Moulins.	1
PRÉVOTON, droguiste. id.	1	SOCIÉTÉ D'AGRICULTURE de l'Allier.	4
PRIEUR père, médecin. id.	1	SOCIÉTÉ D'EMULATION de l'Allier.	4
PRIEUR (Emmanuel), médecin id.	1	SOCIÉTÉ D'HORTICULTURE de l'Allier.	2
QUANTIN (Léon), au château de la Forêt.	1	SOULTRAIT (Georges de), à Lyon.	1
QUEYROY (Armand), à Moulins.	1	SUGIER, greffier du tribunal à Cusset.	1
RAMBOURG (Paul), député au Corps Législatif	1	TARADE (Abel de), à Moulins.	1
RAMBOURG (Louis), à St-Pierre-le-Moûtier.	2	TARDIF (Gabriel), à Randan	1
REBOUL, chef d'escadrons au 6e hussards.	1	TAVERNA (Abraham), pâtissier à Moulins.	1
RENAUD-FRÉMINVILLE, à Moulins.	1	TESSIER DE RAUSCHENBERG, avocat id.	1
REVERDY (Louis), café de Paris, à Moulins.	1	TEUNTZ, négociant. id.	1
REYNARD, ingénieur en chef des ponts et chaussées, à Moulins.	1	THONIER DE LA BUSSERIE (Léonce).	1
RIANT (Léon), au château de la Salle.	1	THONNIÉ (Claude), propriétaire à Moulins.	1
RIANT (Ferdinand), au château de la Salle.	1	THURET (Henri), à Lurcy-Lévy.	4
A reporter	344	*A reporter,*	390

	NOMBRE D'ACTIONS.
Report.	390
TORTEL (Claude), à Moulins.	1
TORTEL (née Thonier Mme), à Moulins.	1
TORTEL (Jean-Baptiste) id.	1
TRANCHAU, inspect. d'académie, à Moulins.	1
TRÉPIED, négociant, à Moulins.	1
TRETAIGNE (baron de) l'un des maires de Paris, 18e arrondissement.	2
TURLIN, (Mlle Julie) marchand de faïence à Moulins.	1
TULLE (Savinien de), notaire à Moulins.	1
VACHER, négociant id.	1
VALABRÈGUES (comte de), colonel du 6e hussards, à Moulins.	1
VALENTIN, professeur au lycée, à Moulins.	1
VEAUCE (baron de) membre du Corps Législatif.	2
A reporter.	404

	NOMBRE D'ACTIONS.
Report.	404
VEAUJOLY (Victor-Pierre de), à Moulins.	1
VIDAL DE VERNEIX.	2
VIDALIN (Cyr), propriétaire à Moulins.	1
VIRLOGEUX, libraire id.	1
VIROLLET, fondé de pouvoirs du receveur général, à Moulins.	1
VIROLLET, conducteur des ponts et chaussées, à Moulins.	1
VIROTTE DUCHARNE, négociant à Moulins.	1
VOLAT (Mlles) sœurs, à Moulins.	1
VUILLOT, percepteur id.	1
WATELET (Gilbert), notaire honoraire à Moulins.	1
WATELET (Mme), à Moulins.	1
WATELET jeune, banquier, à Moulins.	1
WATELET Félix fils, banquier id.	1
TOTAL.	418

RÉSULTAT
DU TIRAGE DE LA LOTERIE.

NUMÉROS D'ORDRE.	NUMÉROS du catalogue	NOM DE L'AUTEUR.	SUJET DU TABLEAU.	NUMÉROS gagnants.	NOM DU GAGNANT.
1...	24..	BÉNARD	Vue du Port de Boulogne	41..	BONNICHON, à Moulins.
2...	285..	PRON	Vue du Mont-Blanc	59..	CALLOU VALLÉE ET Cie, à Vichy.
3...	67..	CHAUVEAU	Combat de Palestro	387..	Louis PARISSE, à Moulins.
4...	53..	CABANE	Sortie d'Eglise	89..	COUSIN, lieutenant-colonel au 6e hussards.
5...	119..	DESJOBERT	Paysage	20..	Comte DE BALORE, à Contigny.
6...	413..	PAUTROT	Renard (bronze)	222..	PACAUD, orfévre.
7...	281..	DE LA PORTE	Tête de Chien gris	233..	Fernand DE PRAINGY.
8...	279..	......Id	Fleurs	325..	Comte DE CHAVAGNAC.
9...	192..	LEJEUNE	Leçon de Musique	178..	Mlle MARTIN Alexandrine.
10...	5..	ANTIGNA	Jeune Fille de Quimperlé	311..	CASTEL, pâtissier.
11...	.....	MÈNE	Chèvre (bronze)	210..	Pascal DE MORA.
12...	101..	COSSMANN	Sentinelle au XVIe siècle	200..	Mme veuve DE MORA.
13...	143..	GABÉ	Enfants	217..	L'abbé MOURLON, chanoine.
14...	194..	L'ENFANT DE METZ	Le Signe de Croix	284..	VACHER, marchand de fer.
15...	414..	PAUTROT	Renard et Poule (bronze)	397..	Louis RAMBOURG, à Saint-Pierre.
16...	205..	LUMINAIS	Le Palefrenier	121..	ESMONNOT, architecte.
17...	177..	CLAUDIUS JACQUAND	Partie de Dés	98..	DESFERNEAUX, juge de paix.
18...	8..	APPIAN	Le Soir	253..	Mme DE SAINT-LÉGER.
19...	9..	..Id	Lisière de Forêt (fusain)	297..	Mme WATELET.
20...	.....	MÈNE	Cerf	403..	DESCHAMPS DE VERNEIX.
21...	11..	APPIAN	L'Etang-Neuf	255..	Léon SAULÉ, négociant.
22...	12..	..Id	Bords du Garon	69..	CHAUMY, hôtel d'Allier.
23...	13..	..Id	Environs de Vienne	363..	BOUCAUMONT, ingénieur en chef.
24...	242..	NOTERMAN	Alléchés par l'Odeur	185..	MEILHEURAT, propriétaire à Diou.
25...	415..	PAUTROT	Oiseau prisonnier	194..	MICHEL François.
26...	381..	DE LA PORTE	Tête de Chien noir	265..	SOCIÉTÉ D'AGRICULTURE.
27...	86..	CHOUPPE	Paysage (aquarelle)	320..	BARTÉSAGO.
28...	87..	...Id	......Id	134..	GAVELLE, contrôleur principal en retraite.
29...	40..	BOURGEOIS	Fleurs	245..	REVERDY, café de Paris.
30...	.....	MÈNE	Chienne	46..	BOURDELIER, notaire.
31...	41..	BOURGEOIS	Fleurs	355..	Edouard FOULD, maire à Lurcy.
32...	150..	GROBON	Panier de Raisins	82..	COLAS Léon, à Saint-Gerand.
33...	174..	HUGUET	Vue prise en Syrie	177..	MARTIN, juge.
34...	120..	DEWISME	Groupe d'Oiseaux	402..	Léonce GUILLOMET.
35...	.....	MÈNE	Chien	77..	COGORDAN, négociant.
36...	381..	DE LA PORTE	Tête de Chien blanc	102..	DESROSIERS Augustin.
37...	188..	LEGRAND	Jésus au Jardin des Oliviers	243..	Renaud FRÉMINVILLE.
38...	145..	GENGEMBRE	La Route du Marché aux Chevaux	301..	BLANCHARD Franç., adjoint à Saint-Gerand.
39...	117..	DESJARDINS	Vue prise aux environs de Guéret	21..	Léon DE BALORE.
40...	.....	MÈNE	Groupe de petits Chiens	120..	D'ENTRAIGUES, conservateur des forêts.
41...	159..	HAGEMAN	Bords de la Seine	7..	ALADANE Ferdinand.
42...	310..	SCHITZ	Chaumière aux Bouliers	161..	DE LA BOUTRESSE Emmanuel.

TABLE DES PLANCHES.

Château de Chantelle, lithographie.................... par M. Bariau.
Gardeuse de dindons, Bourbonnaise, eau-forte........... A. Queyroy
Paysage, lithographie................................. F. Brunel.
Leçon de cathéchisme, eau-forte....................... A. Queyroy.
Viaduc de Messarges, lithographie.................... Bariau.
Pâtre Landais, eau-forte............................. A. Queyroy.
La pierre de Joux, lithographie à la plume........... Champagnat.
La Botte, lithographie............................... Chazerain.

www.ingramcontent.com/pod-product-compliance
Lightning Source LLC
Chambersburg PA
CBHW050038230526
45470CB00003B/1345